loqueleo

¡QUÉ MIEDO!
Título original: *Kirsten Boie Erzählt Vom Angsthaben*
D. R. © del texto: Kirsten Boie, 1992
Publicado por primera vez por Friedrich Oetinger GmbH, 1992
D. R. © de las ilustraciones: Bruno Valasse, 2016
D. R. © de la traducción: Elena Abós Álvarez-Buiza, 2016

D. R. © Editorial Santillana, S. A. de C. V., 2016
Av. Río Mixcoac 274, piso 4, Col. Acacias
03240, México, Ciudad de México

Primera edición: noviembre 2016
Primera reimpresión: marzo de 2017

ISBN: 978-607-01-3245-2

Impreso en México

Reservados todos los derechos conforme a la ley. El contenido y los diseños íntegros de este libro se encuentran protegidos por las Leyes de Propiedad Intelectual. La adquisición de esta obra autoriza únicamente su uso de forma particular y con carácter doméstico. Queda prohibida su reproducción, transformación, distribución y/o transmisión, ya sea de forma total o parcial, a través de cualquier forma y/o cualquier medio conocido o por conocer, con fines distintos al autorizado.

www.loqueleo.com/mx

Este libro se terminó de imprimir en marzo de 2017, en Corporativo Prográfico, S.A. de C.V., Calle Dos Núm. 257, Bodega 4, Col. Granjas San Antonio, C.P. 09070, Del. Iztapalapa, México, Ciudad de México.

¡QUÉ MIEDO!

KIRSTEN BOIE

ILUSTRACIONES
BRUNO VALASSE

loqueleo

Ya sé que sólo es el gato...

¡QUÉ MIEDO!

Cuando hablamos de tener miedo, no siempre utilizamos la palabra *miedo*. En su lugar decimos frases como "me tiemblan las rodillas", "se me hace un nudo en el estómago", "se me ponen los pelos de punta", y algunas otras.

En este libro sucede lo mismo, cuando alguien sienta miedo, tú te darás cuenta, aunque la palabra miedo no aparezca.

—¡Hoy será un día horrible, horrible! —dice Marcos mientras suelta la mochila sobre la silla de la cocina. En la mesa lo esperan un vaso de chocolate y un plato con cereal—. ¡Un terror completo! ¡Ojalá me trague la tierra!

—¡No digas esas cosas, Marcos! —exclama su mamá, que se está maquillando frente al espejo de la entrada—. Sabes muy bien que no me gusta oírte hablar así.

—Horrible, horrible, horrible —murmura Marcos enojado, y suelta la cuchara sobre el plato.

Su mamá no tiene ni idea de lo horrible que va a ser este día. Por ejemplo, no sabe que hoy la maestra Rudi le va regresar a Marcos su cuaderno de Mate.

La maestra se llevó los cuadernos anteayer, y seguro que ya se dio cuenta de que Marcos no hizo la última tarea de Matemáticas... ni la penúltima... ni la antepenúltima...

De nuevo, la maestra Rudi escribirá una nota muy mala en su cuaderno, que su mamá leerá por la tarde. Marcos puede imaginarse claramente lo que le va a suceder y sabe que no será nada divertido.

—Vamos, apúrate —dice su mamá, y se coloca la bufanda alrededor del cuello—. ¡Vas a llegar tarde a la escuela!

Pero que su mamá lea la nota no es lo peor ni mucho menos. Lo peor es la venganza de Ole, y cuando Marcos piensa en eso, es incapaz de seguir comiendo cereal.

Ya pasaron tres días desde que Ole lo sorprendió con las manos en la masa, es decir: desinflando las llantas de su bicicleta, y lo amenazó con que se las pagaría.

"Horrible, horrible, horrible", vuelve a pensar Marcos.

Cuando Ole cumpla su amenaza, no va a quedar ni un pedacito de Marcos, porque Ole es mucho más grande. Y eso tampoco lo sabe su mamá; si le contara, ella le diría que está loco y que nunca debió desinflar las llantas de la bici de un niño desconocido, sin ningún motivo, y menos de uno de primero de secundaria. Marcos suspira.

—Ya me voy, mamá —dice—. Quedé de verme con Daniel.

Será mejor que se ponga en camino antes de que a su mamá se le ocurra preguntarle si hoy logrará pasar la prueba de natación.

—Que tengas un buen día, cariño —dice su mamá, y le da un beso en la mejilla—. ¡Ya verás cómo no será un día tan malo!

—Sí, claro —responde Marcos, da media vuelta para salir y piensa: "Las mamás no saben nada de la vida".

¿QUÉ PASA EN TU CUERPO CUANDO TIENES MIEDO?

Tu cerebro les lanza un mensaje de peligro a las glándulas suprarrenales, las cuales liberan de inmediato dos sustancias en tu flujo sanguíneo: la adrenalina y la noradrenalina, conocidas como las hormonas del estrés. Y ellas hacen que te tiemblen las rodillas o incluso todo el cuerpo. Y si el temor es muy grande, pueden hacer que pierdas el conocimiento.

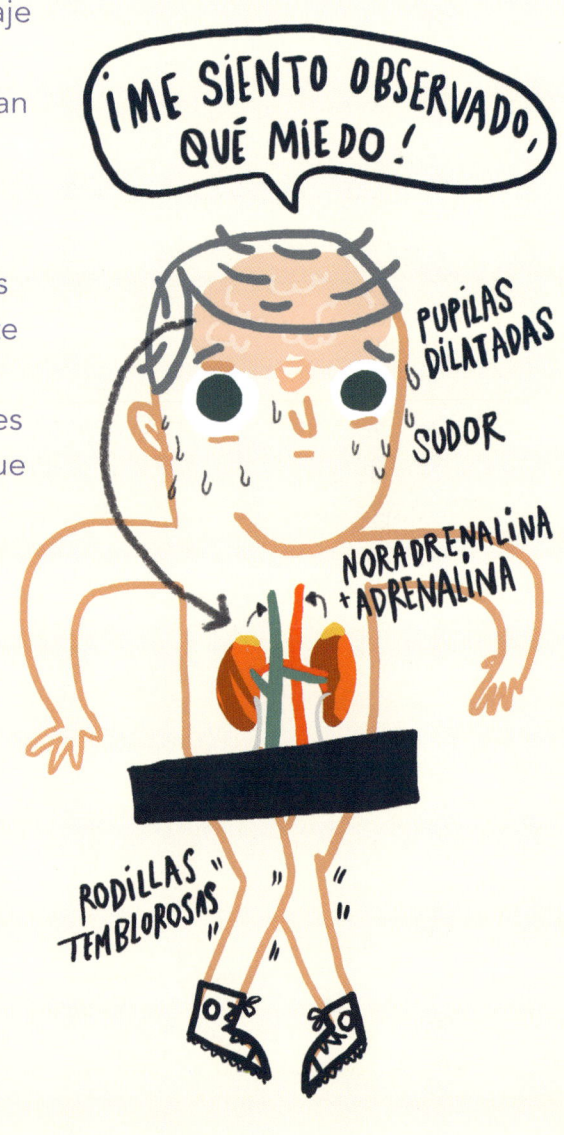

Estas dos sustancias viajan por todo el cuerpo a través de la sangre. Cuando llegan al cerebro, bloquean el pensamiento. ¡Por eso a veces, en los exámenes o cuando pasas al pizarrón, olvidas información que sabías perfectamente! Tus pupilas se dilatan, el latido de tu corazón se acelera, respiras más deprisa, tal vez sientas náuseas o te suden las palmas de las manos; hasta puede ser, si sientes muchísimo miedo, que te hagas del baño en los pantalones.

¿Reconoces estas reacciones? Quizá también experimentas otras sensaciones cuando tienes miedo.

OLVIDAS COSAS QUE SABES

YA ME CANSÉ

Marcos sale muy temprano de su casa y, cuando llega a la esquina, Daniel todavía no está. Con un poco de mala suerte, aparecerá Ole antes de que llegue Daniel para defenderlo. Ole también tiene que pasar por aquí rumbo a la escuela, incluso, a veces, se encuentra en este lugar con sus amigos. Marcos retrocede unos pasos y se esconde detrás del pórtico de una casa. Siente que las palmas de las manos se le humedecen.

Marcos recuerda lo que Ole le gritó mientras escapaba: "Me las vas a pagar, enano, vete preparando. ¡Cuando acabe contigo, no te va a quedar ni un solo hueso en su lugar!".

Marcos suspira. Ni siquiera es capaz de correr más rápido que Ole. Y tampoco sabe judo ni karate. Debería ser obligatorio que todos los niños aprendieran artes marciales, así no tendrían miedo de los grandotes.

—Hola, amigo, ¿ya estás aquí? —pregunta Daniel al llegar y le da una fuerte palmada en el hombro—. ¿Vas a saltar hoy del trampolín de tres metros?

Marcos siente cómo se le encoge el estómago. Si Daniel también va a hacerle preguntas incómodas, mejor se hubiera quedado a desayunar tranquilamente en su casa. Ahora resulta que hasta su mejor amigo le da lata con el diploma de natación.

—Ya veremos, amigo, ya veremos —contesta Marcos relajado. Pero por dentro no se siente nada tranquilo, ni un poquito. Tiembla con sólo pensar en la clase de Natación... ¡y en el trampolín de tres metros de altura!

Ya van tres veces que Marcos intenta obtener el diploma de nivel avanzado de natación sin lograrlo. Y eso que, según la maestra Rudi, es uno de los mejores nadadores de la clase. Pero Marcos no se atreve a saltar del trampolín de tres metros. Y sin salto, no hay diploma.

—Además, los diplomas son aburridos —dice Marcos, y patea una lata de refresco, que sale volando contra el borde de la acera—. ¡Sólo sirven para presumir! Yo no necesito...

Entonces se le escapa un grito y, de golpe, abre la puerta de la papelería que está justo por donde van caminando. La campanilla tintinea sobre la puerta al cerrase.

—¿Qué te pasa? —pregunta Daniel, molesto porque casi lo golpea con la puerta al abrirla.

—¡Shhh! —chista Marcos en voz baja, y se esconde detrás del estante de las revistas.

Desgraciadamente, en la vida real no hay capas mágicas que te hagan invisible. Por la vitrina de la papelería puede ver a Ole con el grandulón de Luis al otro lado de la calle. Y los dos están haciendo enormes bombas de chicle.

—Buenos días, chico —saluda el señor que se encuentra tras el mostrador—. ¿Qué deseas?

—Quería... —dice Marcos. Su voz se oye entrecortada—. Bueno, pues quería...

Afuera, Ole y Luis se acercan.

"¡Por favor, por favor!", piensa Marcos. "¡Que no entren!, ¡que no me vean!, ¡que no tengan dinero y que no necesiten un cuaderno!, ¡que no quieran comprar un chicle!".

—¡Ya, Marcos, vamos a llegar tarde! —dice Daniel molesto—. Si quieres comprar algo, ¡date prisa!

—¡Shhh! —repite Marcos.

El vendedor lo mira extrañado. Seguro piensa que Marcos está loco. Ole y Luis se siguen de largo. Marcos siente que ya no tiembla tanto y respira profundo. Ahora puede volver a salir a la calle.

—Acabo de recordar que no traigo dinero, disculpe, señor —explica Marcos con educación—. De verdad, lo siento. Es que... se me había olvidado.

Abre la puerta rápidamente y salen de la papelería.

—¡Amigo, tú estás mal de la cabeza! —grita Daniel, que por segunda vez estuvo a punto de que Marcos lo golpeara con la puerta. Primero adentro, después afuera...

—¡Sí, estoy de acuerdo, amigo! —dice Marcos, y le da un chicle a Daniel.

Marcos se siente tan bien que le dan ganas de saltar. Ole ya se fue y no se lo encontrarán antes de entrar a clase. Hay que saber cómo escabullirse de los enemigos.

¿PARA QUÉ SIRVEN LAS REACCIONES QUE PROVOCA EL MIEDO?

El cuerpo reacciona ante el miedo de distintas formas. Para ti pueden resultar exageradas o incómodas. Pero no hay que olvidar que para los hombres prehistóricos eran de gran importancia. Y cuando ellos sentían miedo, casi siempre tenían que luchar o salir huyendo.

Cuando el corazón y la respiración se aceleran, el cuerpo está listo para entrar en acción, entonces, el pensamiento se bloquea para no perder el tiempo tomando decisiones ni dándole vueltas a las cosas. ¡En caso de peligro, dudar podía significar la muerte para nuestros antepasados! En la actualidad, sentir miedo puede ser importante cuando estás en una situación de peligro, por ejemplo: cuando andas en bicicleta…

CAPÍTULO 3

—¡Por tu culpa llegamos tarde! —grita Daniel cuando suben corriendo las escaleras de la escuela.

La campana suena justo en ese momento, así que sólo llegan un poco retrasados. Además los maestros no suelen entrar tan pronto al salón.

"Bueno, muy bien", piensa Marcos, mientras cuelga la mochila en el gancho de su pupitre. "Conseguido. El rey Marcos burla a sus enemigos y ni siquiera llega tarde. A lo mejor el día no resulta tan horrible, después de todo".

Pero Marcos se equivoca, durante toda la mañana se olvidó de lo más complicado: Lina.

Sentada en el alféizar de la ventana, Lina intercambia calcomanías con Katia y, de vez en cuando, levanta la vista y mira disimuladamente a Marcos. Ya lo hizo por lo menos tres veces.

Marcos suspira. Lo más difícil de todo es Lina, está clarísimo. Desde hace por lo menos una semana no para de verlo discretamente, y en la clase de Matemáticas le ha soplado las respuestas un par de veces y le ha dejado copiar de su examen. Así que está muy claro lo que pasa. Y la verdad es que esto no sería tan grave si Lina fuera un chico. Es decir, si fuera un chico, sería más fácil acercarse y hablarle, llevarse bien; es más, podría decirle: "¡hola, amigo, te invito a mi fiesta de cumpleaños!".

Pero a Marcos se le revuelve el estómago de pensar qué pasaría si Daniel se enterara de que quiere invitar a Lina a su festejo, es capaz de no ir y decirle que no se le antoja jugar con chicas.

Marcos suspira. No importa cuánto le gusta Lina, Daniel es su mejor amigo y no quiere que se enoje, ni mucho menos que se ría de él.

¿POR QUÉ NOS DA MIEDO QUE SE RÍAN DE NOSOTROS?

A veces aceptas hacer algo peligroso, sólo porque tienes miedo de que tus compañeros se rían de ti o de que ya no quieran ser tus amigos. Si no te dejas llevar por esos miedos y haces sólo las cosas que a ti te parecen bien, entonces, sí eres valiente de verdad.
¿Recuerdas alguna ocasión en la que tuviste miedo de que tus amigos se rieran de ti? ¿Conoces esa sensación? ¿Qué hiciste?

—Revisé sus cuadernos de Matemáticas —dice la maestra Rudi, mientras camina entre los pupitres. Sobre su mesa está el montón de cuadernos—. ¡Otra vez me di cuenta de que tengo que hacerlo más seguido!

"¡Socorro!", piensa Marcos, y se escurre en la silla deslizándose debajo del pupitre.

Cuando la maestra Rudi se enoja mucho suele decir en voz alta los nombres de los chicos que han hecho algo mal... delante de toda la clase. Desgraciadamente, Marcos lo sabe muy bien, porque varias veces él está entre los chicos que ella nombra, y sus compañeros se le quedan viendo y algunos se ríen.

—Parece que algunos de ustedes creen... —comienza la maestra Rudi, y recorre con la mirada a toda la clase.

Marcos se escurre aún más en la silla. Debería tener una capa mágica para hacerse invisible, sin duda. Eso sería lo único que podría salvarlo ahora.

—... ¡creen que las tareas son voluntarias! —dice furiosa—. ¡Voluntarias!

Y se queda parada delante del pupitre de Marcos. Él traga saliva tres veces, no puede dejar de hacerlo. Siente las manos húmedas y el corazón galopa tan descontrolado que parece que le va a dar un infarto. Y no le importaría, la verdad.

—Por ejemplo, mi buen amigo Marcos —dice la maestra Rudi y se inclina sobre él—. Eso pensaste, ¿cierto?

Marcos niega con la cabeza como un loco. Le gustaría decir algo, pero sabe que la voz le saldría aún más entrecortada que en la papelería. Y entonces todos se reirían muchísimo.

—Y mi otro amigo Andrés —dice la maestra y avanza dos mesas más allá—. Parece que él también piensa lo mismo...

Marcos respira profundo y se seca las manos en el pantalón. La maestra se aleja. Ya está. Al final estuvo bien que no le diera un infarto. Pero todavía tiene que mostrarle el cuaderno a su madre, y se pondrá furiosa.

"Sí, horrible", piensa Marcos enojado. "Este día es una catástrofe".

En el pupitre de al lado, Lina le sonríe. Pero eso no le ayuda en este momento. Sino todo lo contrario.

—Y entonces va el tipo ese y le da un puñetazo al otro. ¡Pum! —cuenta Daniel durante el recreo, mientras pasean muy cerca de la caseta del conserje. Eso es lo único que hacen desde hace tres días, cuando Marcos desinfló las llantas de la bici de Ole.

—¿Me estás escuchando o qué?

Marcos dice que sí con la cabeza. En ese lugar es posible que estén a salvo. Aunque Ole lo encuentre, no podrá golpearlo, pues el conserje lo vería.

—Oye, te estoy contando una película, amigo —dice Daniel enojado—, ¡y no me haces caso!

—Claro que sí —responde Marcos nervioso.

La película le da igual, en realidad. Al otro lado del patio de la escuela acaba de ver a Ole, que viene caminando hacia él muy despacio.

Marcos se coloca detrás de Daniel.

—¡No te muevas! —susurra—. ¡Tienes que cubrirme!

A lo mejor tampoco está tan seguro. ¿Qué pasaría si el conserje dejara de mirar por la ventanilla? ¿O si se va al baño? Ellos también tienen que ir alguna vez. Y entonces, Ole le puede dar una paliza ahí mismo, como en cualquier otro lugar del patio.

—¡No te muevas! —repite Marcos a Daniel. Ole está muy cerca.

"Me voy a hacer del baño en los pantalones", piensa Marcos. "Oh, no. Se me revuelve el estómago. ¡Si por lo menos Ole no fuera tan grandote y tan fuerte!... O si yo no le hubiera desinflado las llantas a su bici. Estoy loco. Yo solito me metí en este lío. Y ahora tendré que pasarme toda la vida escondiéndome".

Pero entonces llega la salvación. En los altavoces, sobre la caseta, suena la campana. A diez metros de Marcos, Ole da media vuelta lentamente y se encamina a su clase.

"A lo mejor no me vio", piensa Marcos. "Tal vez sólo venía en esta dirección por casualidad".

Marcos se aleja de Daniel.

—Gracias, amigo —dice, tranquilo. Es mejor que Daniel no se dé cuenta del miedo que tiene.

—¡Estás mal! —dice Daniel indignado—. ¿Quieres pasarte la vida huyendo de él? A mí me parece una tontería.

Marcos dice que sí con la cabeza. A él también le parece una tontería. Pero sería todavía peor recibir una gran paliza. Así que no tiene elección.

—Vamos, apúrate —dice Daniel—. A ver si consigues tu diploma de una vez.

Marcos suspira. Si no fuera por el trampolín de tres metros, lo lograría sin ningún problema.

Para llegar a la piscina tienen que cruzar dos calles, por eso siempre van todos formados, y la maestra Rudi encabeza la fila y los va vigilando.

—¡Como si fuéramos bebecitos! —protesta Daniel y gira la maleta de deportes sobre su cabeza—. ¡Ojalá que nadie nos vea! De verdad, parece que estamos en el kínder.

Marcos se encoge de hombros. A él no le importa. Todo le da igual cuando piensa en el trampolín de tres metros.

—¡Si cree que voy a cruzar la calle como un bebé, está muy equivocada! —exclama molesto, y se acerca al borde de la acera—. ¡De la manita! ¡No necesito que me cuiden...! —y se echa a correr.

—¡Daniel! —grita Marcos.

En el carril de enfrente un autobús frena precipitadamente. El conductor amenaza a Daniel con el puño en alto, pero él ya está al otro lado de la calle y le sonríe a Marcos.

—¡Ey, ven acá! —grita Daniel. Marcos sigue caminando detrás de la fila. Nadie se ha dado cuenta todavía de que Daniel ya no está con ellos.
   —¡Oye, ven! —vuelve a gritar desde el otro lado.
   "A lo mejor puedo...", piensa Marcos. "Claro que sí". Respira profundo y coloca un pie sobre el asfalto para cruzar.

Un camión pasa a toda velocidad. Es muy peligroso pues la calle tiene cuatro carriles. Normalmente, Marcos sólo la cruza por el semáforo.

—¿Eres un cobarde o qué? —grita Daniel.
   Ahí viene otro autobús. "Mejor cobarde que terminar aplastado como una estampilla", piensa Marcos enojado. "Imposible llegar sano y salvo al otro lado. No soy tonto".
   —¡No soy tonto! —grita, y se echa a correr detrás de la clase hacia el semáforo. La maestra voltea a verlo.
   —¿Dónde estabas? —pregunta. El semáforo se pone en verde.
   —Aquí —dice Marcos, y se encoje de hombros.

Lina le sonríe otra vez.

¿DEBEMOS IGNORAR LOS MIEDOS?

Tal vez te sientes como un cobarde cuando tienes miedo. Pero muchos miedos son muy útiles, porque te avisan de los peligros. Es mejor hacerles caso. Si los ignoras, no te convertirías en un valiente, y podrías poner en riesgo tu vida.

Seguramente se te ocurren otras situaciones en las que debes hacer caso a tus miedos.

En la piscina todo sucede igual que siempre. Cuando Marcos sale de la regadera, los demás ya están en el agua. Lina se encuentra sobre el trampolín de un metro y se lanza de cabeza como en los programas deportivos de la tele: una vertical perfecta.

Marcos se mete en el agua por la escalera, a toda velocidad. Ahora tiene que actuar con inteligencia. Debe tener cuidado de colocarse siempre detrás de la maestra, así no lo verá durante toda la clase y no recordará que llegó el momento de saltar del trampolín.

Desde hace cuatro semanas la maestra le está diciendo que tiene que atreverse a subir al trampolín alto, porque le parece una lástima que un nadador tan bueno como él no se atreva a saltar.

—¿Marcos? —dice la maestra Rudi enseguida—. Ah, ahí estás. ¡Ya era hora! ¡Siempre tardas mucho en bañarte!

"Pues claro", piensa Marcos. "Si no tuviera que subir al trampolín, no me pasaría tanto tiempo en el baño".

—¡Súbete ya, Marcos! —dice la maestra con un tono más amable—. Tengo la sensación de que hoy lo vas a conseguir, ya verás.

Marcos no siente lo mismo, por desgracia. Nota cómo se acumula la tensión en su interior. Ni siquiera ha subido la escalera, pero la horrible sensación ya está ahí: como si estuviera en otro mundo. No puede hacer nada para evitarlo.

Empieza a subir lentamente los peldaños de la escalera. Siente la rugosidad del metal bajo la planta de los pies y el frío helado del barandal en las manos. Pero ésa no es la razón por la que sus dientes castañean.

"Son sólo tres metros", piensa Marcos. "No es tan alto. Si me subo a los hombros de Daniel, también medimos casi tres metros. No es tanto".

Pero las palabras que suenan en su cabeza no sirven de nada. Porque en realidad tres metros sí son muy altos. Tan altos que Marcos se siente mareado.

—¡Salta, Marcos, vamos! —grita la maestra Rudi.

Ahora Marcos no oye nada, ni siquiera el latido de su corazón, de lo mal que está. Siente como si fuera otra persona y estuviera en un mundo distinto; allá abajo, el agua brilla azul y peligrosa.

Despacio, muy despacio, Marcos retrocede hacia la escalera. El tablón se balancea y su textura áspera le araña las plantas de los pies; entonces Marcos tiene la sensación de que se acaba de despertar, y el agua de la piscina recobra su normalidad y la maestra Rudi lo regaña como siempre.

Marcos sabe que más tarde, en los vestidores, los demás se burlarán de él.

Abajo, en la escalera, está Lina. Tiene un traje de baño de flores y su piel no es tan pálida como la de las demás, ni siquiera ahora, en pleno invierno.

—¡Yo prefiero saltar del trampolín de un metro, es mucho más divertido! —dice, y lo mira con una cara especial. Entonces se echa a correr de repente sobre la tabla y se zambulle salpicando.

"En mi cumpleaños, ella no estaría fuera de lugar", piensa Marcos. "No, seguro que no. Pero quizá Daniel diría cosas bobas. Espero que hoy no se burle de mí por culpa del trampolín".

¿QUÉ ES LA VALENTÍA?

Hemos hablado mucho del miedo, pero ¿qué significa ser valiente?

Eres valiente cuando logras vencer tus miedos y haces algo que te parece correcto, importante o necesario. Por eso, no es de valientes cuando, por ejemplo, haces equilibrios en el barandal de un puente o cruzas la calle corriendo delante de un autobús. Ninguna de esas dos cosas es importante o necesaria, ¿no? En realidad no son pruebas de valentía, son pruebas absurdas: demuestran si eres capaz de hacer algo peligroso para impresionar a los demás.

Por el contrario, puede ser una muestra de valentía auténtica pedir perdón, aunque nos dé muchísima vergüenza, o apoyar a alguien cuando los demás se están burlando de él. Esas dos cosas pueden ser muy difíciles, aunque no lo parezcan, ¿verdad?

¿Se te ocurren más ejemplos de auténtica valentía?

CAPÍTULO 8

—¿En serio...? ¡No te atreviste otra vez, amigo! —dice Daniel mientras caminan a casa con el cabello empapado, pues las chicas ocuparon todas las secadoras—. ¡De verdad que no pasa nada!

"Prefiero callar", piensa Marcos molesto. "Todo eso ya lo sé. Que el trampolín de tres metros no es tan alto, que del agua siempre se sale, y que soy un buen nadador. Eso ya lo sé. No soy tonto. Pero cuando tengo miedo, pues tengo miedo. Y contra eso no puedo hacer nada".

—Yo, cuando estoy ahí arriba... —dice Daniel.

Marcos se enoja porque las orejas no se pueden cerrar igual que los ojos. Si se pudieran cerrar, no tendría que escuchar más a Daniel.

Puede decir lo que quiera, no va a servir de nada. La próxima vez Marcos volverá a sentir esa sensación tan rara. Y así no es capaz de saltar.

"Horrible", piensa Marcos enojado. "Absolutamente horrible". Ya lo sabía él, desde la mañana.

Y además de todo, justo delante de ellos, salen de la panadería Ole y su amigo Luis, el grandulón, con una rebanada de pastel en la mano.

Marcos siente cómo se le detiene el corazón. Pero Ole no lo ve. Camina lentamente con Luis delante de ellos, dando mordiscos a la rebanada de pastel.

Marcos sólo tiene que quedarse muy quieto y esperar. Ole y Luis desaparecen al doblar la esquina, ahora Marcos puede irse tranquilamente a casa, está a salvo.

Pero de repente ya no quiere ir a su casa, se siente furioso al pensar que mañana tendrá que volver a esconderse, y pasado mañana, y al día siguiente, y tal vez durante toda su vida.

—¡Ahorita vengo! —dice a Daniel, y se echa a correr detrás de Ole.

Lo alcanza justo en la esquina, donde Ole se detuvo porque el semáforo está en rojo. Cuando Marcos se acerca, Ole da media vuelta y Marcos se cubre la cara con las manos. Ole lo mira pensando "¿y a éste qué le pasa?".

—¿Me estás siguiendo, enano? —pregunta Ole, y avanza lentamente hacia Marcos, que retrocede de un salto, pero no sale corriendo. Ya no más.

—Sólo quería decirte —suelta rápidamente, y su voz suena diferente— que no estuvo bien... lo que hice con las llantas.

—¿Qué quieres decir? —pregunta Ole confundido.

Marcos respira profundo. Ahora ya no le resulta tan difícil.

—Pues quería... —comienza Marcos— ... quería... —aunque no le gusta decir "esa palabra", la suelta—... disculparme. Por lo de la bici. No estuvo bien.

Marcos baja la guardia. Ahora está seguro de que Ole no lo va a golpear.

—¡¿Disculparte?! —pregunta Ole casi gritando. Pero ya no está tan enojado—. ¿Y con eso se van a inflar mis llantas de nuevo? ¡Enano! ¡Me pasé media hora inflándolas! ¡Media hora, enano!

—Sí, lo siento mucho, de verdad, Ole —dice Marcos. Y entonces se le ocurre lo que puede hacer—. Bueno, quizá pueda... La próxima vez las inflaré por ti, ¿de acuerdo? O dos veces. O las que tú quieras.

Ole sonríe ampliamente.

—¡De acuerdo, enano! —contesta más tranquilo—. Ya te avisaré cuando tenga que volver a ponerle aire a las llantas, ¿va?

Le da una palmadita amistosa a Marcos en el hombro, y se echa a correr con su rebanada de pastel, para cruzar la calle detrás de Luis.

—¡Estás loco como una cabra! —dice Daniel, que se acerca con precaución—. ¿Por qué saliste corriendo detrás de él? ¡Yo creía que te estabas escondiendo!
—¡Exacto, pero ya no más! —dice Marcos satisfecho. Y le da una palmadita a Daniel como Ole se la dio a él—. Esconderse es una tontería. Y no sirve de nada.

Marcos piensa que a partir de ese momento tal vez el día no sea tan horrible.

¿CUÁLES SON LOS MIEDOS QUE DEBES VENCER?

¿Se te ocurre alguno más?

Marcos tiene razón, el día ya no es tan horrible porque ahora aparece Lina, que viene de la piscina. Y justo al mismo tiempo a Daniel se le ocurre que tiene que comprar dos paquetes de chicles, y desaparece en la papelería que está ahí al lado.

—¿Qué hay, Marcos? —saluda Lina, y se queda parada junto a él. Hizo un buen trabajo con la secadora: para Marcos, su larga cabellera negra y brillante es la más bonita de todas.

—¿Qué hay, Lina? —responde Marcos.

Cuando Daniel salga de la tienda, seguro que comenta que son una parejita de enamorados. Por eso sería mejor que Lina se fuera ahora mismo.

—¿Sabes cómo salté yo del trampolín de tres metros por primera vez? —pregunta Lina, y se acerca un poco—. Tenía un miedo terrible. Entonces primero me aventé cien veces del de un metro. ¿Y sabes qué? De repente el miedo se hizo pequeñísimo.

—¿Sí? —pregunta Marcos. Seguro que Lina lo dice con buena intención. Pero de todas formas él se siente avergonzado.

—¡En serio! —afirma Lina con energía—. Además, ¿por qué hay que saltar del trampolín alto? No es justo, ¡no debería ser obligatorio para nadie! No hay que saltar sólo para que los demás no se burlen.

—Bueno, yo quería saltar, la verdad —dice Marcos. Y ahora que ya se disculpó con Ole, tiene que decir algo, precipitadamente, antes de que le dé vergüenza—: Lina, pues resulta que el próximo viernes es mi cumpleaños, y quiero preguntarte si te gustaría ir a mi fiesta.

Marcos siente cómo le arde la cara. "¡Si me pongo colorado, me da igual!", piensa decidido. "¿Qué puede pasar? Por lo menos me atreví".

—¿A tu cumple? ¡Sí, genial! —dice Lina. Y está tan colorada como él.

Entonces se abre la puerta de la papelería. Daniel intenta abrir un paquete entero de chicles sin dejar de caminar.

—Compré los de cereza —dice mientras intenta abrir la envoltura—. Son los que... —entonces levanta la vista de repente—. ¡Ah, hola, Lina! —dice Daniel, y sigue jalando el papel del chicle.

Y Marcos se atreve a confesarlo todo.

—Acabo de invitar a Lina a mi cumpleaños —dice—. Tú también vienes, ¿no?

—¿A tu cumple? —dice Daniel, y jala con más fuerza la envoltura—. ¡Esta cosa no se abre, rayos!

—El próximo viernes —dice Marcos, esperando.

Daniel consigue finalmente abrir el paquete de chicles.

—¡Por fin! —dice satisfecho—. Claro que sí, amigo. ¿Quieren uno?

"¡No le parece ni un poco raro que invite a Lina!" piensa Marcos sorprendido. "¡Y yo me pasé todo este tiempo temblando... por nada!".

El chicle tiene un sabor riquísimo a cereza artificial, y de camino a casa van haciendo enormes bombas con él, los tres juntos. Lina hace las bombas más grandes.

Y Marcos tiene la sensación de que ya nada puede salir mal. Se disculpó con Ole y habló con Lina. Ahora sólo le falta enseñarle a su mamá el cuaderno de Mate. Y tal vez en algún momento saltar del trampolín de tres metros. Pero seguro que lo va a conseguir. Siempre que lo desee de verdad.

¿QUÉ PUEDES HACER CUANDO TIENES MIEDO?

Existen varias maneras de enfrentarnos a nuestros temores.

1. Algunos miedos se van por sí solos cuando estamos acompañados o recibimos ayuda.
2. A veces es suficiente con hablar de tus temores, con un amigo o con tus padres, para que se hagan más pequeños o desaparezcan por completo. Juntos pueden encontrar alguna solución.
3. Otras veces, podemos enfrentarnos a nuestro miedo poco a poco.
4. Y también es posible entrenarse: cuantas más veces hagas algo que te dé miedo, más sencillo te parecerá la próxima vez. ¡Seguro!
5. Algunos miedos desaparecen cuando nos hacemos mayores: hay cosas que hoy te dan un miedo terrible y puede ser que para tu próximo cumpleaños sólo te hagan reír.

6. Pero siempre habrá temores contra los que no se puede luchar fácilmente. Y esto también les sucede a las personas grandes y fuertes. ¿Verdad que tranquiliza saber que toda la gente puede sentir miedo? ¿Te han hecho sentir miedo para conseguir algo de ti?

¡Si no te portas bien, te va a castigar Dios!

¡CÓMENOS!

(ESO SÍ QUE DA MIEDO)

¡Si no te comes todo el plato, vendrá el robachicos y te llevará!

¡Si no ordenas tu cuarto, Santa Claus no te va a traer nada!

Lo raro es que algunos de estos miedos perduran, aunque ya seas grande y Santa Claus ya no te traiga nada. Cuando sabes que hiciste algo mal, sientes inmediatamente un gran temor. ¿Te ha pasado eso a ti también?

¿TE SIGUES PORTANDO MAL?

¿ROMPISTE ALGO Y LO OCULTASTE?

¿LE ECHASTE LA CULPA AL GATO?